Elke Selke

GEHÄKELTE GARDINEN

FOTOGRAFIE: KARSTEN SELKE

Herstellung und Verlag: BoD - Books on Demand, Norderstedt

ISBN 9783744812924

Bibliografische Information der Deutschen Nationalbibliothek
Die Deutsche Nationalbibliothek verzeichnet diese Publikation in
der Deutschen Nationalbibliografie; detaillierte bibliografische
Daten sind im Internet über www.dnb.de abrufbar.

Inhalt:

Liebe Leserinnen und Leser,

Gardinen sind mehr als nur ein Schutz vor Sonneneinstrahlung, Licht oder unerwünschten Blicken - sie sind ein entscheidendes Gestaltungselement für Ihre Wohnung. Im Gegensatz zu Möbelstücken und anderen Einrichtungsgegenständen sind Gardinen nicht nur innen, sondern auch nach außen sichtbar und geben denen, die am Haus vorüber gehen, schon einen ersten Eindruck von dem Menschen, der hinter den Fenstern wohnt.

Dies gilt ganz besonders für handgearbeitete, selbst gehäkelte Gardinen, denn schon auf den ersten Blick ist erkennbar, dass dieser Fensterschmuck etwas ganz individuelles und keine Massenware von der Stange ist.

Lassen Sie sich inspirieren von den Modellen dieses Buches. Bestimmt finden Sie Ihren Favoriten. Die meisten Gardinen habe ich in weiß oder cremefarbig gearbeitet, aber die Farbpalette der Garnhersteller ist riesig und Sie können jede Gardine auch in Ihrer Lieblingsfarbe nacharbeiten.

Viel Spaß und viel Erfolg wünscht Ihnen

Ihre Elke Selke

Bevor Sie beginnen ...

Für das Gelingen der Häkelarbeit spielt die Qualität des Materials eine sehr große Rolle. Bitte bedenken Sie bei der Auswahl des Garnes, dass eine Handarbeit, die in jedem Fall viel Zeit in Anspruch nimmt, auch für viele Jahre ihre Schönheit behalten soll. Daher ist es sehr wichtig, hochwertiges Garn zu wählen. Lassen Sie sich vom Händler beraten oder nutzen Sie die Telefonhotlines der Hersteller.

Häkelgarne gibt es nicht nur in verschiedenen Farben und Qualitäten, sondern auch in verschiedenen Stärken. Für Gardinen empfehle ich die Stärke 10. Die meisten Gardinen dieses Buches sind mit Baumwollgarn in Stärke 10 gearbeitet.

Wichtig ist auch die Wahl einer geeigneten Häkelnadel. Diese muss auf die Stärke des Garnes abgestimmt sein. Sie finden auf den Banderolen des Häkelgarns Angaben zur empfohlenen Größe der Häkelnadel. Auch die Häkelnadel sollte von guter Qualität sein. Eine Häkelnadel, die nicht gut verarbeitet ist, die beim Häkeln hakt oder nicht gut in der Hand liegt, wird Ihnen keine Freude bereiten. Ob Sie eine Häkelnadel aus Metall, Holz, Bambus oder Kunststoff wählen, ist Ihrem Empfinden überlassen. Probieren Sie die Nadeln am besten vor dem Kauf aus.

Bei jeder Gardine habe ich Maße angegeben, die als Orientierung dienen sollen. Auch bei Verwendung des gleichen Garns und einer Häkelnadel in der gleichen Stärke können Abweichungen auftreten. Ob Sie fest oder eher locker häkeln und wie die Gardine nach Fertigstellung gespannt wird, das alles hat Einfluss auf die endgültige Größe der Arbeit.

Sie finden bei jedem Modell auch Hinweise zur möglichen Veränderung der Größe der Gardine. Einige Gardinen können um ganze Mustersätze reduziert oder erweitert werden, andere lassen sich durch Einfügen oder Entfernen von Filetreihen an die gewünschte Fenstergröße anpassen. Häkeln Sie vor Beginn der Arbeit eine kleine Musterprobe, um die Größe hochrechnen zu können. Hierzu empfehle ich, ein Quadrat aus 10 Kästchen in Höhe und Breite mit dem Garn und der Häkelnadel, die Sie für die Gardine verwenden wollen, zu häkeln. Aus der Größe des Quadrates können Sie die Größe des fertigen Modells berechnen.

Ganz wichtig für ein optimales Erscheinungsbild einer Häkelarbeit ist das Spannen. Der Markt bietet Spannrahmen, Spannunterlagen und Spannvorrichtungen in verschiedenen Ausführungen an. Ich habe für die Modelle des Buches die Hilfe einer Gardinenspannerei in Anspruch genommen, die ich sehr empfehlen kann:

Gardinen- und Deckenspannerei, K. Schernich, Hauptstr. 32, 96193   Wachenroth,
Tel. 09548/8069

Die Filethäkelei

Die Filethäkelei ist eine schnell zu erlernende Häkeltechnik. Wenn Sie das Häkeln von Luftmaschen, Stäbchen und Kettmaschen beherrschen, dann können Sie bereits alle Modelle des Buches nacharbeiten.

Den Beginn bildet eine Luftmaschenkette (Abb. 1/ Seite 12). Die benötigte Anzahl Luftmaschen ist bei jedem Modell vermerkt. Dann werden Hin- und Herreihen gearbeitet. Das erste Stäbchen wird dabei durch drei Wendeluftmaschen ersetzt. (Abb. 2/ Seite 12)

Die Filethäkelei ist eine Kombination aus leeren und gefüllten Kästchen. Ein leeres Kästchen besteht aus einem Stäbchen und zwei Luftmaschen, ein gefülltes Kästchen besteht aus drei Stäbchen. Durch das Aneinanderfügen gefüllter Kästchen werden Motive gestaltet.

Wenn leere Kästchen auf leere Kästchen gehäkelt werden, müssen die Stäbchen in die Stäbchen der Vorreihe gearbeitet werden. Wenn volle Kästchen auf volle Kästchen gehäkelt werden, werden alle Stäbchen in die Stäbchen der Vorreihe gearbeitet. Wenn volle Kästchen auf leere Kästchen gehäkelt werden, wird ein Stäbchen in das Stäbchen und zwei weitere Stäbchen um die Luftmaschen der Vorreihe gearbeitet. Wenn leere Kästchen auf volle Kästchen gehäkelt werden, dann wird ein Stäbchen in das Stäbchen der Vorreihe gearbeitet und die beiden folgenden Stäbchen werden durch zwei Luftmaschen ersetzt.

Zunahmen: Bei den Gardinen mit Zickzack- oder Spitzenrändern sind Zunahmen erforderlich. Wenn ein Kästchen am Reihenanfang zugenommen werden soll, werden am Anfang 6 Luftmaschen gehäkelt, die ersten vier ersetzen das erste Stäbchen, in die 5. und 6. Luftmasche wird jeweils ein Stäbchen gearbeitet, das nächste Stäbchen wird in das letzte Stäbchen der Vorreihe gehäkelt.
Für das Zunehmen eines Kästchens am Reihenende müssen drei Doppelstäbchen gehäkelt werden. Die Einstichstelle des ersten ist die Einstichstelle des letzten Stäbchens. Die beiden weiteren Doppelstäbchen werden in das erste Abmaschglied des vorigen Doppelstäbchens eingestochen.
Wenn mehrere Kästchen zugenommen werden sollen, verfahren Sie entsprechend.

Abnahmen: Um Kästchen am Reihenanfang abzunehmen, häkeln Sie eine Wendeluftmasche und Kettmaschen in jedes Stäbchen bzw. jede Luftmasche der Vorreihe, bis Sie an die gewünschte Stelle kommen. Um ein Kästchen abzunehmen, häkeln Sie also eine Wendeluftmasche und 2 Kettmaschen.
Das Abnehmen am Reihenende ist ganz einfach, Sie enden an der gewünschten Stelle und lassen die übrigen Kästchen unbehäkelt.

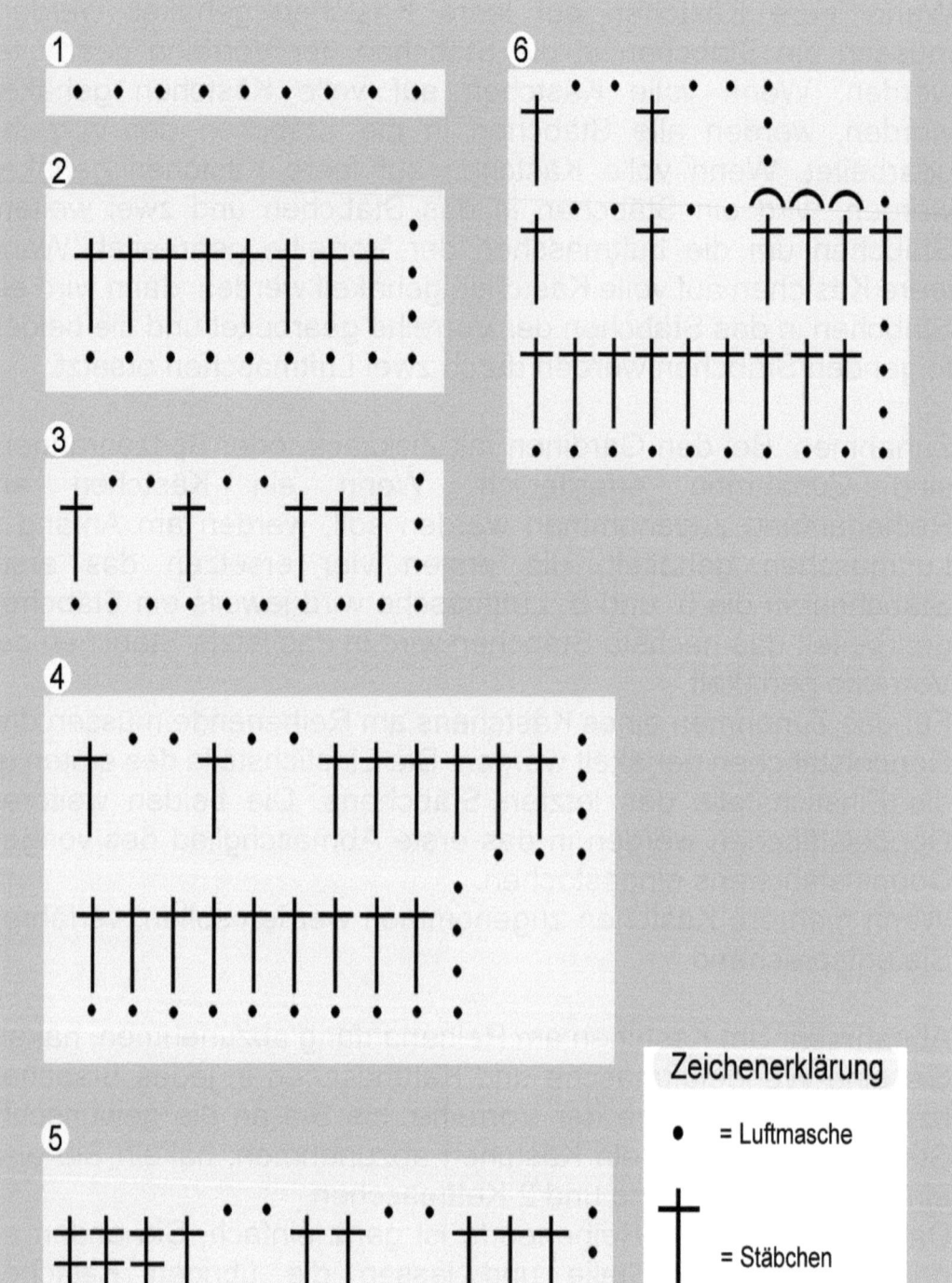

Zeichenerklärung

● = Luftmasche

✝ = Stäbchen

Die Randlösungen

Randlösung 1: Es gibt verschiedene Arten, eine Gardine aufzuhängen. Die einfachste Möglichkeit ist, Gardinenklammern zu benutzen. Dafür häkeln Sie einen geraden Rand (Beispiel: Leuchtturm)

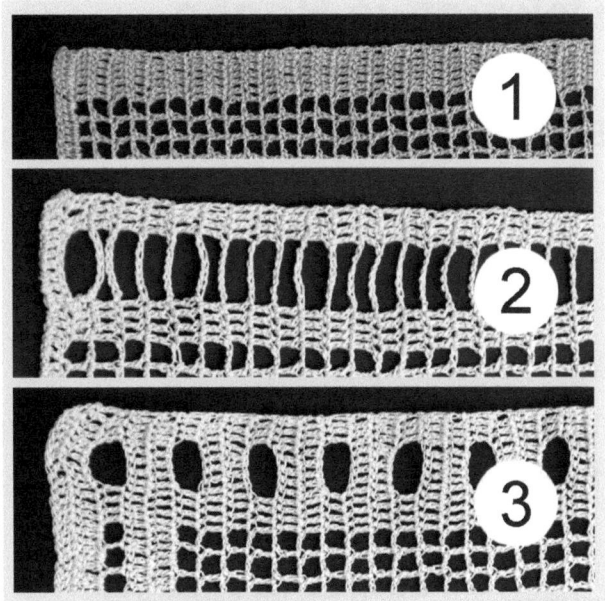

Randlösung 2: Gern werden Gardinen gearbeitet, die bereits Schlaufen für die Gardinenstange besitzen. Dieser Randabschluss ist sehr einfach zu arbeiten, er bietet verschiedene Möglichkeiten der Aufhängung und kann problemlos für breitere Stangen abgewandelt werden. Über die letzten vier Kästchen werden ein volles Kästchen, 5 Luftmaschen über 2 Kästchen und wieder ein volles Abschlusskästchen gehäkelt. Diese Randlösung wird bei den meisten im Buch vorgestellten Gardinen verwendet und ist in der Musterzeichnung mit Randlösung 2 bezeichnet (Beispiel: Katzengardine).

Randlösung 3: Die Randlösung 3 wird ähnlich der Randlösung 2 gearbeitet. Über die letzten 5 Kästchen werden ein volles Kästchen, 7 Luftmaschen über 3 Kästchen und wieder ein volles Abschlusskästchen gehäkelt. In der Rückreihe werden 1 volles Kästchen, 3 Luftmaschen, 1 feste Masche in die vorherige Luftmaschenreihe und wieder drei Luftmaschen sowie ein volles Kästchen gearbeitet.

Dekorative Bögen

Ein klares, einfaches Bogenmuster - aber doch sehr dekorativ!

Größe: 107 cm x 47 cm

Material:

150 Gramm Häkelgarn Stärke 10 in weiß

1 Häkelnadel Nr. 1,25

Muster auf Seite 65 im Musterteil

Diese Gardine wird quer von links nach rechts gehäkelt. Sie beginnen mit einer Kette aus 144 Luftmaschen. Die ersten drei Luftmaschen bilden die Randluftmaschen, Sie häkeln das erste Stäbchen in die vierte Luftmasche und arbeiten insgesamt 47 gefüllte Kästchen.

Dann häkeln Sie der Musterzeichnung entsprechend weiter und arbeiten die Zu- und Abnahmen am unteren Rand wie im Lehrgang Filethäkelei beschrieben. Für den Stangendurchzug arbeiten Sie die Randlösung 2 (Lehrgang Filethäkelei).

Die fertige Gardine spannen, anfeuchten und trocknen lassen.

Tipp: Sie können am oberen Rand einige zusätzliche leere Filetreihen einfügen, um Ihre gewünschte Höhe zu erreichen. Für ganz kleine Fenster können Sie auch einen einzelnen Mustersatz häkeln, auch das ist sehr wirkungsvoll.

Die Windmühle

Wäre die Windmühle nicht auch ein Motiv für Ihr Küchenfenster? Sie ist sehr einfach zu häkeln und eignet sich auf Grund der geraden Ränder auch gut für Anfänger/innen.

Größe: 59 cm x 65 cm

Material:

130 Gramm Häkelgarn Stärke 10 in weiß

1 Häkelnadel Nr. 1,25

Muster auf Seite 59 im Musterteil

Diese Gardine habe ich von unten nach oben gearbeitet. Sie beginnen mit einer Kette aus 222 Luftmaschen. Die ersten drei Luftmaschen bilden die Randluftmaschen. Sie häkeln das erste Stäbchen in die vierte Luftmasche und arbeiten insgesamt 73 gefüllte Kästchen.

Dann häkeln Sie der Musterzeichnung entsprechend weiter. Die Gardine wird mit Donauklammern befestigt, Sie häkeln also einen geraden Rand (Randlösung 1)

Die fertige Gardine spannen, anfeuchten und trocknen lassen.

Tipp: Zur Vergrößerung des Modells können Sie oben und unten oder auch links und rechts noch einige leere Reihen einfügen und die Gardine an Ihr Fenster anpassen. Auch in hellblau wäre die Windmühlen-Gardine ein Hingucker!

Blumen für Ihr Fenster

Auch die Blumengardine ist ein Anfängermodell! Es ist schnell gehäkelt und durch die geraden Ränder einfach nachzuarbeiten.

Größe: 53 cm x 71 cm

Material:

130 Gramm Häkelgarn Stärke 10 in weiß

1 Häkelnadel Nr. 1,25

Muster auf Seite 64 im Musterteil

Diese Gardine habe ich von unten nach oben gearbeitet. Sie beginnen mit einer Kette aus 210 Luftmaschen. Die ersten drei Luftmaschen bilden die Randluftmaschen. Sie häkeln das erste Stäbchen in die vierte Luftmasche und arbeiten insgesamt 69 gefüllte Kästchen.

Dann häkeln Sie der Musterzeichnung entsprechend weiter. Die Gardine wird mit Donauklammern befestigt, Sie häkeln einen geraden Rand (Randlösung 1)

Die fertige Gardine spannen, anfeuchten und trocknen lassen.

Probieren Sie dieses Modell doch einmal in den Blütenfarben der Natur aus! In rot, rosa, gelb, blau oder violett wird die Gardine zu einem blumigen Farbtupfer in Ihrer Wohnung!

19

Blütenranke

Diese Gardine kann durch Einfügen einzelner Mustersätze an jede Fensterbreite angepasst werden. Sie kann glatt oder faltig aufgehängt werden – sie wirkt immer!

Größe: 65 cm x 30 cm

Material:

80 Gramm Häkelgarn Stärke 10 in lindgrün

1 Häkelnadel Nr. 1,25

Muster auf Seite 63 im Musterteil

Diese Gardine wird quer von links nach rechts gehäkelt. Sie beginnen mit einer Kette aus 114 Luftmaschen. Die ersten drei Luftmaschen bilden die Randluftmaschen, Sie häkeln das erste Stäbchen in die vierte Luftmasche und arbeiten insgesamt 37 gefüllte Kästchen.

Dann häkeln Sie der Musterzeichnung entsprechend weiter und arbeiten die Zu- und Abnahmen am unteren Rand wie im Lehrgang Filethäkelei beschrieben. Die Gardine wird mit Donauklammern befestigt, Sie häkeln also einen geraden Rand (Randlösung 1)

Die fertige Gardine spannen, anfeuchten und trocknen lassen.

Fische

Das ist die Gardine für alle Liebhaber von Skalaren, Schwertfischen, Guppys und Co. Sie passt nicht nur neben das Aquarium sondern macht auch im Bad eine gute Figur. Probieren Sie diese Gardine doch einmal in hellblau oder türkis!

Größe: 84 cm x 64 cm

Material:

160 Gramm Häkelgarn Stärke 10 in weiß

1 Häkelnadel Nr. 1,25

Muster auf Seite 67 im Musterteil

Diese Gardine wird quer von links nach rechts gehäkelt. Sie beginnen mit einer Kette aus 249 Luftmaschen. Die ersten drei Luftmaschen bilden die Randluftmaschen, Sie häkeln das erste Stäbchen in die vierte Luftmasche und arbeiten insgesamt 82 gefüllte Kästchen.

Dann häkeln Sie der Musterzeichnung entsprechend weiter. Für den Stangendurchzug am oberen Rand häkeln Sie die Randlösung 2 (siehe Lehrgang Filethäkelei).

Die fertige Gardine spannen, anfeuchten und trocknen lassen.

Löwenzahn

Dieses Modell passt in jedes Zimmer - probieren Sie es doch einmal mit Häkelgarn in gelb oder weiß!

Größe: 66 cm x 57 cm

Material:

125 Gramm Häkelgarn Stärke 10 in ecrú

1 Häkelnadel Nr. 1,25

Muster auf Seite 74 im Musterteil

Diese Gardine wird quer von links nach rechts gehäkelt. Sie beginnen mit einer Kette aus 180 Luftmaschen. Die ersten drei Luftmaschen bilden die Randluftmaschen, Sie häkeln das erste Stäbchen in die vierte Luftmasche und arbeiten insgesamt 59 gefüllte Kästchen. Dann häkeln Sie der Musterzeichnung entsprechend weiter. Für den Stangendurchzug am oberen Rand häkeln Sie jeweils in jeder 3. Reihe ein doppeltes leeres Kästchen, dazwischen je 2 Reihen gefüllte Kästchen (siehe Lehrgang Filethäkelei).

Die fertige Gardine spannen, anfeuchten und trocknen lassen.

Tipp: Wenn Sie diese Gardine in der Höhe verändern wollen, können Sie nach Wunsch leere Kästchenreihen einfügen. Wenn Sie sie in der Breite vergrößern möchten, fügen Sie jeweils 3, 6, 9 oder 12 Reihen an beiden Seiten ein, so können Sie das Muster für den Stangendurchzug beibehalten.

Osterküken

Diese Gardine ist nicht nur zu Ostern ein schöner Fensterschmuck, sie ist über das ganze Jahr ein Blickfang für Ihr Küchenfenster.

Größe: 66 cm x 53 cm

Material:

120 Gramm Häkelgarn Stärke 10 in sonnengelb

1 Häkelnadel Nr. 1,25

Muster auf Seite 76 im Musterteil

Sie beginnen mit einer Kette aus 201 Luftmaschen. Die ersten drei Luftmaschen bilden die Randluftmaschen, Sie häkeln das erste Stäbchen in die vierte Luftmasche und arbeiten insgesamt 66 gefüllte Kästchen.

Dann häkeln Sie der Musterzeichnung entsprechend weiter. Für die Bögen am unteren Rand Zu- und Abnahmen arbeiten wie im Lehrgang Filethäkelei beschrieben. Für den Stangendurchzug am oberen Rand arbeiten Sie die Randlösung 2 (siehe Lehrgang Filethäkelei).

Die fertige Gardine spannen, anfeuchten und trocknen lassen.

Für Katzenfreunde

Gehören Sie auch zu denen, die von Katzen nie genug bekommen können? Dann ist diese Gardine genau richtig für Sie!

Größe: 73 cm x 56 cm

Material:

140 Gramm Häkelgarn Stärke 10 in weiß

1 Häkelnadel Nr. 1,25

Muster auf Seite 72 im Musterteil

Sie beginnen mit einer Kette aus 222 Luftmaschen. Die ersten drei Luftmaschen bilden die Randluftmaschen, Sie häkeln das erste Stäbchen in die vierte Luftmasche und arbeiten insgesamt 73 gefüllte Kästchen. Dann häkeln Sie die Gardine von links nach rechts entsprechend der Musterzeichnung weiter.

Wie könnte diese Gardine besser abgerundet werden, als mit einem Herzchenrand? Sie müssen beim Arbeiten des Randes nichts weiter beachten, diese Gardine wird mit Donauklammern aufgehängt. (Randlösung 1)

Die fertige Gardine spannen, anfeuchten und trocknen lassen.

Jugendstil-Muster

Dies ist eine Gardine, die in jedes Zimmer passt. Wählen Sie eine Farbe entsprechend Ihrer Einrichtung und Sie haben das gesuchte i-Tüpfelchen für Ihre Dekoration gefunden.

Größe: 79 cm x 51 cm

Material:

100 Gramm Häkelgarn Stärke 10 in apricot

1 Häkelnadel Nr. 1,25

Muster auf Seite 77 im Musterteil.

Sie beginnen mit einer Kette aus 115 Luftmaschen. Die ersten drei Luftmaschen bilden die Randluftmaschen, Sie häkeln das erste Stäbchen in die vierte Luftmasche und arbeiten insgesamt 37 gefüllte Kästchen.

Dann häkeln Sie der Musterzeichnung entsprechend weiter. Für den Bogen am unteren Rand Zu- und Abnahmen arbeiten wie im Lehrgang Filethäkelei beschrieben. Für den Stangendurchzug am oberen Rand arbeiten Sie die Randlösung 2 (siehe Lehrgang Filethäkelei).

Die fertige Gardine spannen, anfeuchten und trocknen lassen.

Die Höhe der Gardine können Sie durch Einfügen einiger leerer Kästchenreihen vergrößern. Auch in der Breite können einige leere Kästchenreihen rechts und links eingefügt werden.

Gardine mit Tulpenornament

Diese kleine reizvolle Gardine ist schnell gearbeitet und auch für Anfänger geeignet. Passend zu dieser Gardine finden Sie ein weiteres Modell auf der nächsten Seite.

Größe: 53 cm x 44 cm

Material: 75 Gramm Häkelgarn Stärke 10 in ecrú
1 Häkelnadel Nr. 1,25

Muster auf Seite 62 im Musterteil.

Sie beginnen mit einer Kette aus 132 Luftmaschen. Die ersten drei Luftmaschen bilden die Randluftmaschen. Sie häkeln das erste Stäbchen in die vierte Luftmasche und arbeiten insgesamt 43 gefüllte Kästchen. Dann häkeln Sie die Gardine von links nach rechts der Musterzeichnung entsprechend weiter. Für den Bogen am unteren Rand Zu- und Abnahmen arbeiten wie im Lehrgang Filethäkelei beschrieben. Es wird ein gerader Rand gehäkelt, die Gardine wird mit Donauklammern befestigt.

Die fertige Gardine spannen, anfeuchten und trocknen lassen.

Die kleine Gardine eignet sich auch als Abschluss an einem Stoffrollo - so können Sie die Höhe problemlos an Ihr Fenster anpassen.

Und noch einmal Tulpenornamente

Passend zur kleinen Gardine mit Tulpenornament finden Sie hier ein weiteres Modell. Beide sind gut kombinierbar.

Größe: 65 cm x 31 cm

Material:

65 Gramm Häkelgarn Stärke 10 in ecrú

1 Häkelnadel Nr. 1,25

Muster auf Seite 61 im Musterteil.

Sie beginnen mit einer Kette aus 96 Luftmaschen. Die ersten drei Luftmaschen bilden die Randluftmaschen. Sie häkeln das erste Stäbchen in die vierte Luftmasche und arbeiten insgesamt 31 gefüllten Kästchen. Dann häkeln Sie die Gardine von links nach rechts der Musterzeichnung entsprechend weiter. Für den Bogen am unteren Rand Zu- und Abnahmen arbeiten wie im Lehrgang Filethäkelei beschrieben. Es wird ein gerader oberer Rand gehäkelt, die Gardine wird mit Donauklammern befestigt.

Die fertige Gardine spannen, anfeuchten und trocknen lassen.

Die Breite der Gardine kann durch Einfügen weiterer Mustersätze problemlos verändert werden.

Weinlaub

Wer denkt bei diesem Modell nicht gleich an Sommer, Sonne und roten Wein?

Größe: 75 cm x 90 cm

Material:

285 Gramm Häkelgarn Stärke 5 in weiß

1 Häkelnadel Nr. 1,75

Muster auf Seite 60 im Musterteil.

Diese Gardine habe ich von oben nach unten gehäkelt, so sind die Strecken kürzer und das vermittelt das Gefühl, man käme schneller voran ...

Sie beginnen mit einer Kette aus 246 Luftmaschen. Die ersten drei Luftmaschen bilden die Randluftmaschen. Sie häkeln das erste Stäbchen in die vierte Luftmasche und arbeiten insgesamt 81 gefüllte Kästchen.

Es wird ein gerader Rand gehäkelt, die Gardine wird mit Donauklammern befestigt.

Die fertige Gardine spannen, anfeuchten und trocknen lassen.

Diese Gardine wurde mit Häkelgarn Nr. 5 gearbeitet. So wirkt Sie sehr plastisch. natürlich können Sie auch feineres Häkelgarn verwenden, dann wird das Modell etwas kleiner und luftiger.

Schmale Scheibengardine

Elegante Ornamentik für schmale Fenster.

Größe: 34 cm x 80 cm

Material:

100 Gramm Häkelgarn Stärke 10 in weiß

1 Häkelnadel Nr. 1,25

Muster auf Seite 69 im Musterteil.

Sie beginnen mit einer Kette aus 288 Luftmaschen. Die ersten drei Luftmaschen bilden die Randluftmaschen. Sie häkeln das erste Stäbchen in die vierte Luftmasche und arbeiten insgesamt 95 gefüllte Kästchen. Dann häkeln Sie die Gardine von links nach rechts der Musterzeichnung entsprechend weiter. Für den Bogen am unteren Rand Zu- und Abnahmen arbeiten wie im Lehrgang Filethäkelei beschrieben. Für den Stangendurchzug am oberen Rand arbeiten Sie die Randlösung 2 (siehe Lehrgang Filethäkelei).

Die fertige Gardine spannen, anfeuchten und trocknen lassen.

Tipp: Für breitere Fenster können Sie das Muster mehrfach arbeiten.

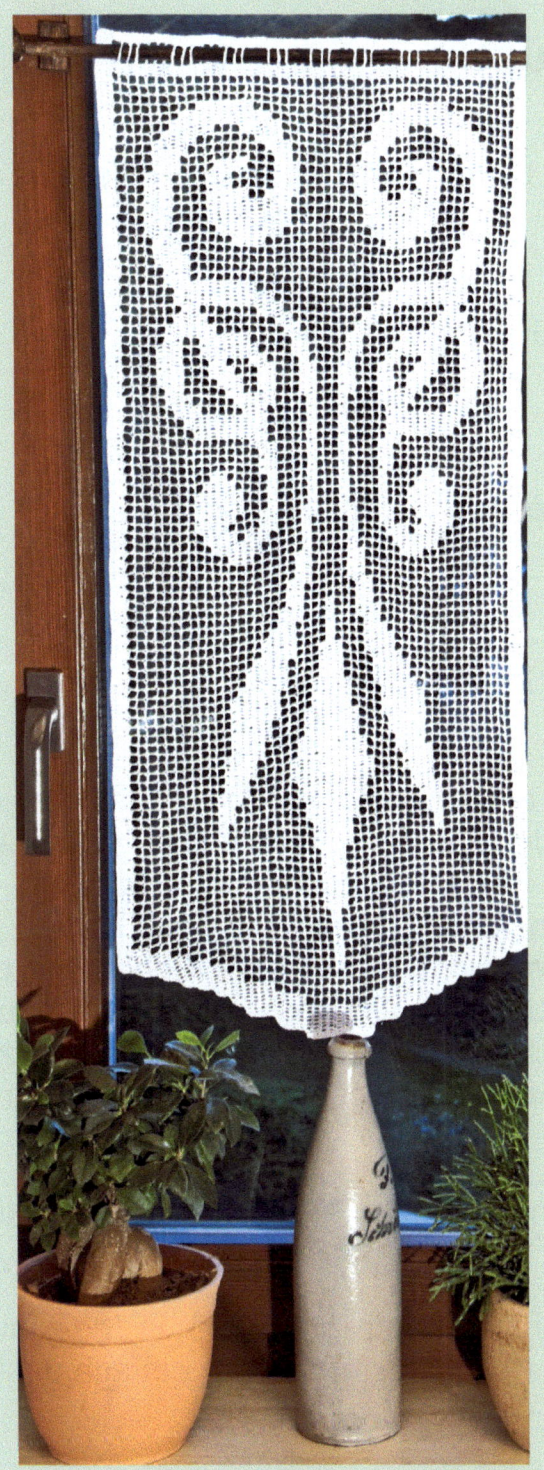

Die Kornblume

Wenn Sie diese Gardine häkeln, haben Sie eine Blume, die nie verblüht!

Größe: 52 cm x 90 cm

Material:

140 Gramm Häkelgarn Stärke 10 in weiß

1 Häkelnadel Nr. 1,25

Muster auf Seite 73 im Musterteil.

Sie beginnen mit einer Kette aus 310 Luftmaschen. Die ersten drei Luftmaschen bilden die Randluftmaschen. Sie häkeln das erste Stäbchen in die vierte Luftmasche und arbeiten insgesamt 110 gefüllte Kästchen. Dann häkeln Sie die Gardine von links nach rechts der Musterzeichnung entsprechend. Für den Bogen am unteren Rand Zu- und Abnahmen arbeiten wie im Lehrgang Filethäkelei beschrieben. Für den Stangendurchzug am oberen Rand arbeiten Sie die Randlösung 2 (siehe Lehrgang Filethäkelei).

Die fertige Gardine spannen, anfeuchten und trocknen lassen.

Tipp: Diese Gardine wirkt auch toll in hellblau oder violett! Probieren Sie Ihre Lieblingsfarbe doch einfach aus!

41

Eine kleine Häuserreihe

Ganz schnell haben Sie dieses kleine Modell fertig! Sie können die gehäkelte Borte an ein Stück Stoff nähen oder aber auch als schmale Gardine verwenden.

Größe: 44 cm x 18 cm

Material:

50 Gramm Häkelgarn Stärke 05 in gelb

1 Häkelnadel Nr. 1,75

Muster auf Seite 78 im Musterteil.

Sie beginnen mit einer Kette aus 72 Luftmaschen. Die ersten drei Luftmaschen bilden die Randluftmaschen. Sie häkeln das erste Stäbchen in die vierte Luftmasche und arbeiten insgesamt 23 gefüllte Kästchen. Dann häkeln Sie die Gardine von links nach rechts der Musterzeichnung entsprechend. Der obere Rand wird gerade gearbeitet.

Die fertige Gardine spannen, anfeuchten und trocknen lassen.

Tipp: Diese Gardine können Sie ohne Probleme in der Breite verändern, durch Einfügen weiterer Häuser und Bäume erreichen Sie Ihre Fensterbreite.

Drei weiße Schwäne

Drei weiße Schwäne geben dieser Gardine eine einmalige Eleganz! Bitte arbeiten Sie dieses Modell unbedingt in weiß!

Größe: 82 cm x 33 cm

Material:

100 Gramm Häkelgarn Stärke 10 in weiß

1 Häkelnadel Nr. 1,25

Muster auf Seite 70 im Musterteil.

Sie beginnen mit einer Kette aus 120 Luftmaschen. Die ersten drei Luftmaschen bilden die Randluftmaschen. Sie häkeln das erste Stäbchen in die vierte Luftmasche und arbeiten insgesamt 40 gefüllte Kästchen. Dann häkeln Sie die Gardine von links nach rechts der Musterzeichnung entsprechend. Für die unteren Bögen häkeln Sie Zu- und Abnahmen wie im Lehrgang Filethäkelei beschrieben. Der obere Rand wird gerade gearbeitet, die Gardine wird mit Donauklammern aufgehängt.

Die fertige Gardine spannen, anfeuchten und trocknen lassen.

Tipp: Die Breite des Modells können Sie ganz einfach durch Einfügen weiterer Schwäne vergrößern. Wenn Sie ganz schmale Fenster haben, wirkt auch schon ein einzelner Schwan sehr dekorativ.

Husch - Husch - Husch, die Eisenbahn...

Von dieser Gardine werden Ihre Kinder begeistert sein!

Größe: 81 cm x 33 cm

Material:

120 Gramm Häkelgarn Stärke 10 in weiß

1 Häkelnadel Nr. 1,25

Muster auf Seite 66 im Musterteil.

Sie beginnen mit einer Kette aus 135 Luftmaschen. Die ersten drei Luftmaschen bilden die Randluftmaschen. Sie häkeln das erste Stäbchen in die vierte Luftmasche und arbeiten insgesamt 45 gefüllte Kästchen. Dann häkeln Sie die Gardine von links nach rechts der Musterzeichnung entsprechend. Für den Stangendurchzug am oberen Rand arbeiten Sie die Randlösung 2 (siehe Lehrgang Filethäkelei).

Die fertige Gardine spannen, anfeuchten und trocknen lassen.

Tipp: Wenn Kinder Eisenbahnen malen, dann sind diese meistens schön bunt. Auch die Gardine wirkt in rot, gelb, grün oder blau – Fragen Sie doch Ihre Kinder nach der Wunschfarbe!

Ganz in Rot

Ganz in Rot mutet die Gardine fast weihnachtlich an, sie bildet aber auch für den Rest des Jahres einen schönen Farbtupfer in Ihrer Wohnung. Gestalten Sie die Farben dieser Gardine ganz einfach nach Ihrem Geschmack - eventuell auch zweifarbig - z. B. mit weißem Stoff und blauer Borte für die Küche.

Größe der Borte: 60 cm x 16 cm

Material:

50 Gramm Häkelgarn Stärke 10 in rot

1 Häkelnadel Nr. 1,25

Muster auf Seite 78 im Musterteil.

Sie beginnen mit einer Kette aus 67 Luftmaschen. Die ersten drei Luftmaschen bilden die Randluftmaschen. Sie häkeln das erste Stäbchen in die vierte Luftmasche und arbeiten insgesamt 21 gefüllte Kästchen. Dann häkeln Sie die Gardine von Für die bildung der bögen am unteren Rand arbeiten Sie Zu- und Abnahmen wie am Anfang des Buches im Lehrgang Filethäkelei beschrieben. Der obere Rand wird gerade gearbeitet. Sie können die Borte an ein Stück Stoff oder an ein Stoffrollo nähen. Sie ist jedoch auch einzeln als kurzes Gardinchen verwendbar.

Die fertige Gardine spannen, anfeuchten und trocknen lassen.

Für ganz kleine Fenster

Dieses Modell ist ganz schnell fertig und eignet sich gut für Anfänger/innen.

Größe: 62 cm x 33 cm

Material:

70 Gramm Häkelgarn Stärke 10 in ecrú

1 Häkelnadel Nr. 1,25

Muster auf Seite 75 im Musterteil.

Sie beginnen mit einer Kette aus 126 Luftmaschen. Die ersten drei Luftmaschen bilden die Randluftmaschen. Sie häkeln das erste Stäbchen in die vierte Luftmasche und arbeiten insgesamt 41 gefüllte Kästchen. Dann häkeln Sie die Gardine von links nach rechts der Musterzeichnung entsprechend. Für den Stangendurchzug am oberen Rand arbeiten Sie die Randlösung 3 (siehe Lehrgang Filethäkelei).

Die fertige Gardine spannen, anfeuchten und trocknen lassen.

Tipp: Diese Gardine lässt sich durch Einfügen einiger leerer Reihen gut in der Höhe verändern. Sie können auch Fransen in den unteren Rand knüpfen, das ist sehr dekorativ.

Dekorative Ornamente

Ein sehr dekoratives Modell ist diese Gardine.

Größe: 71 cm x 59 cm

Material:

140 Gramm Häkelgarn Stärke 10 in weiß

1 Häkelnadel Nr. 1,25

Muster auf Seite 68 im Musterteil.

Sie beginnen mit einer Kette aus 216 Luftmaschen. Die ersten drei Luftmaschen bilden die Randluftmaschen. Sie häkeln das erste Stäbchen in die vierte Luftmasche und arbeiten insgesamt 71 gefüllte Kästchen. Dann häkeln Sie die Gardine von links nach rechts der Musterzeichnung entsprechend. Die Zu- und abnahmen für den unteren Rand häkeln Sie wie im Lehrgang Filethäkelei beschrieben. Für den Stangendurchzug am oberen Rand arbeiten Sie die Randlösung 3 (siehe Lehrgang Filethäkelei).

Die fertige Gardine spannen, anfeuchten und trocknen lassen.

Tipp: Für breitere Fenster können Sie den Mustersatz auch mehrfach arbeiten. Für ganz kleine Fenster häkeln Sie einfach nur einen Mustersatz.

Grafisches Muster

Ganz einfach und doch sehr wirkungsvoll ! Dieses Modell können Sie durch Einfügen weiterer Mustersätze ganz einfach an Ihr Fenster anpassen.

Größe: 42 cm x 69 cm

Material:

80 Gramm Häkelgarn Stärke 10 in weiß

1 Häkelnadel Nr. 1,25

Muster auf Seite 71 im Musterteil.

Sie beginnen mit einer Kette aus 258 Luftmaschen. Die ersten drei Luftmaschen bilden die Randluftmaschen. Sie häkeln das erste Stäbchen in die vierte Luftmasche und arbeiten insgesamt 85 gefüllte Kästchen. Dann häkeln Sie die Gardine von oben nach unten der Musterzeichnung entsprechend. Beim Arbeiten des Randes müssen Sie nichts weiter beachten, die Gardine wird mit Donauklammern aufgehängt. (Randlösung 1, Lehrgang Filethäkelei zu Beginn des Buches)

Die fertige Gardine spannen, anfeuchten und trocknen lassen.

Tipp: Dieses Muster eignet sich auch gut zum Häkeln eines Bettüberwurfes - Sie brauchen dazu jedoch ganz viel Geduld!

Und was wird aus den Resten?

Wer gern und viel häkelt, hat irgendwann einen ganzen Korb voller Restknäule. Hier drei Borten zum Verwerten der Reste.

Muster auf Seite 58 im Musterteil.

Borte 1 und Borte 2:

Sie beginnen mit einer Kette aus 27 Luftmaschen. Die ersten drei Luftmaschen bilden die Randluftmaschen. Häkeln Sie das erste Stäbchen in die vierte Luftmasche und arbeiten Sie 8 gefüllte Kästchen. Arbeiten Sie nach Musterzeichnung bis Sie die gewünschte Länge erreicht haben.

Borte 3:

Sie beginnen mit einer Kette aus 42 Luftmaschen. Die ersten drei Luftmaschen bilden die Randluftmaschen. Häkeln Sie das erste Stäbchen in die vierte Luftmasche und arbeiten Sie 13 gefüllte Kästchen. Arbeiten Sie nach Musterzeichnung bis Sie die gewünschte Länge erreicht haben.

Die fertigen Borten spannen, anfeuchten und trocknen lassen.

Die angegebenen Breiten beziehen sich auf die Verwendung von Häkelgarn Stärke 10. Arbeiten Sie die Borten so lang Sie möchten. Die finden Verwendung als Regalborteoder als dekorativer Rand an Handtüchern, Vorhängen und Rollos.

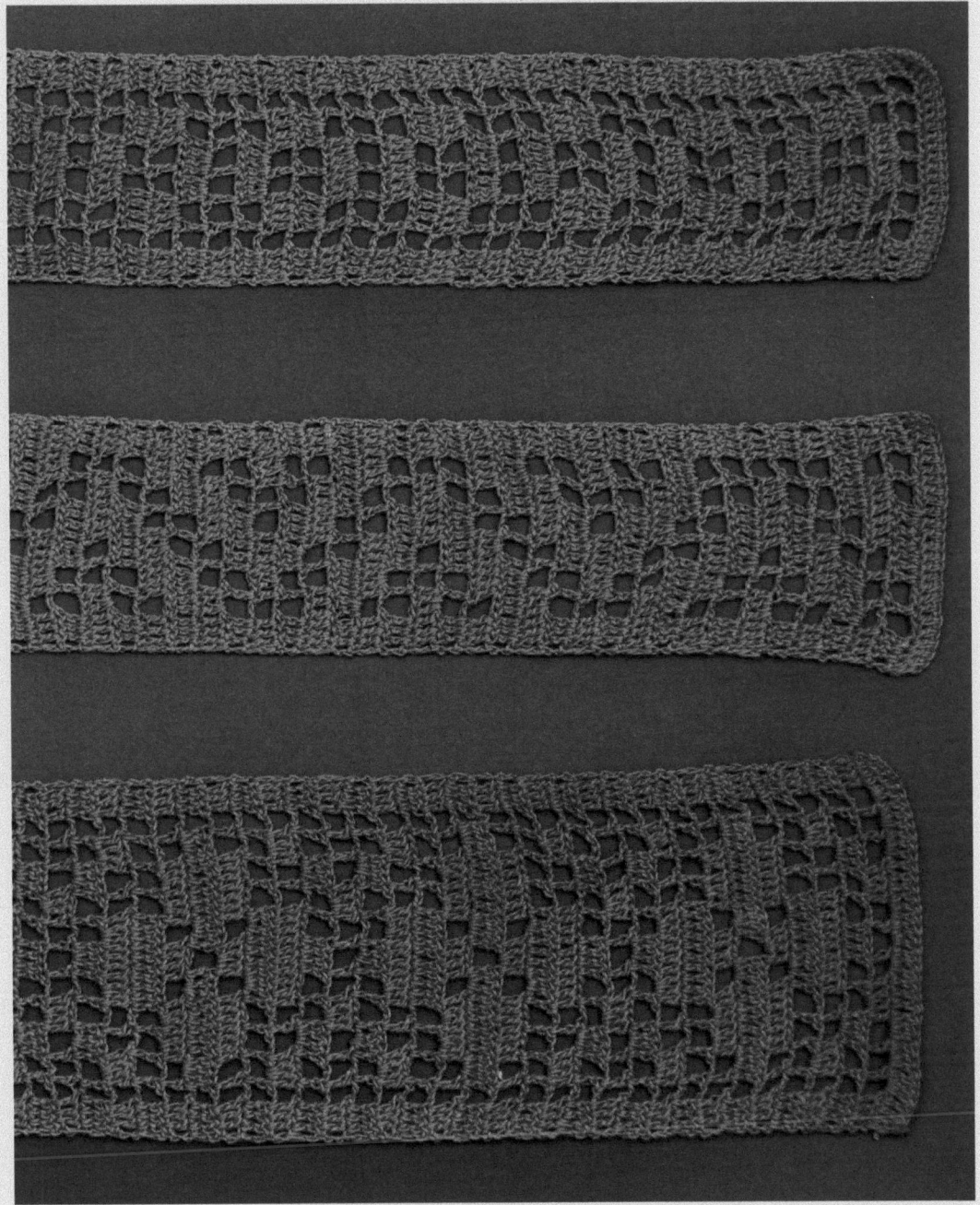

Musterteil

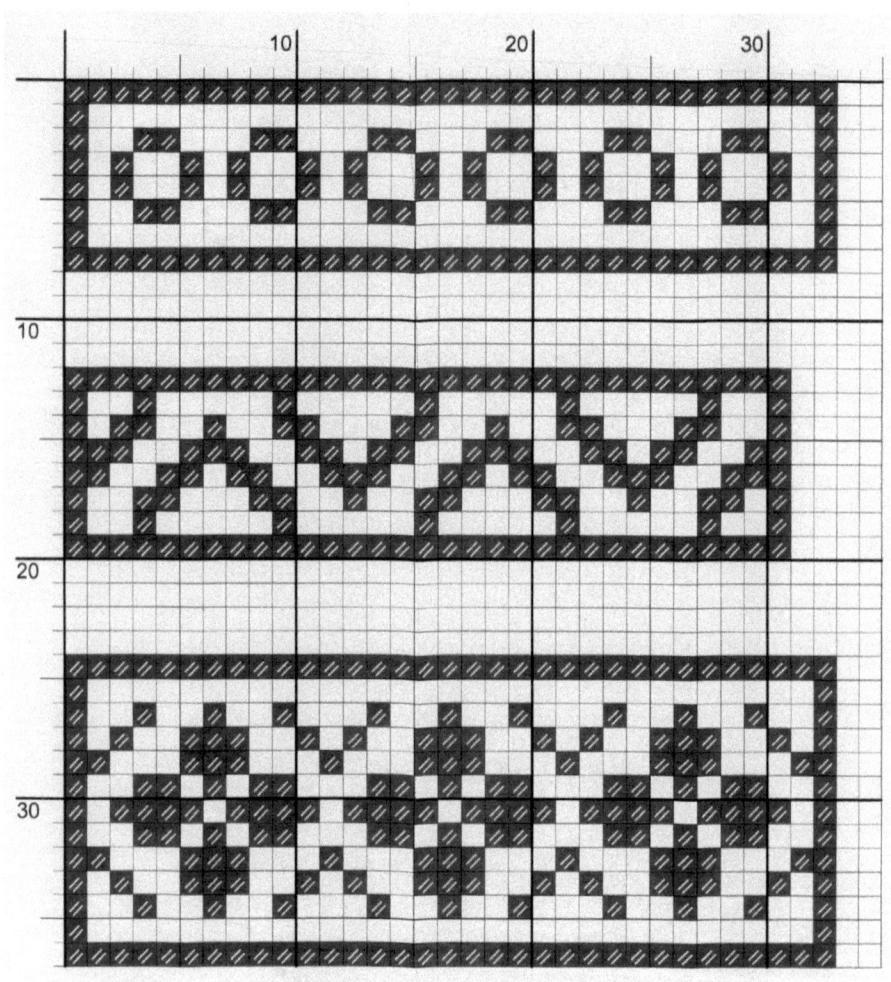

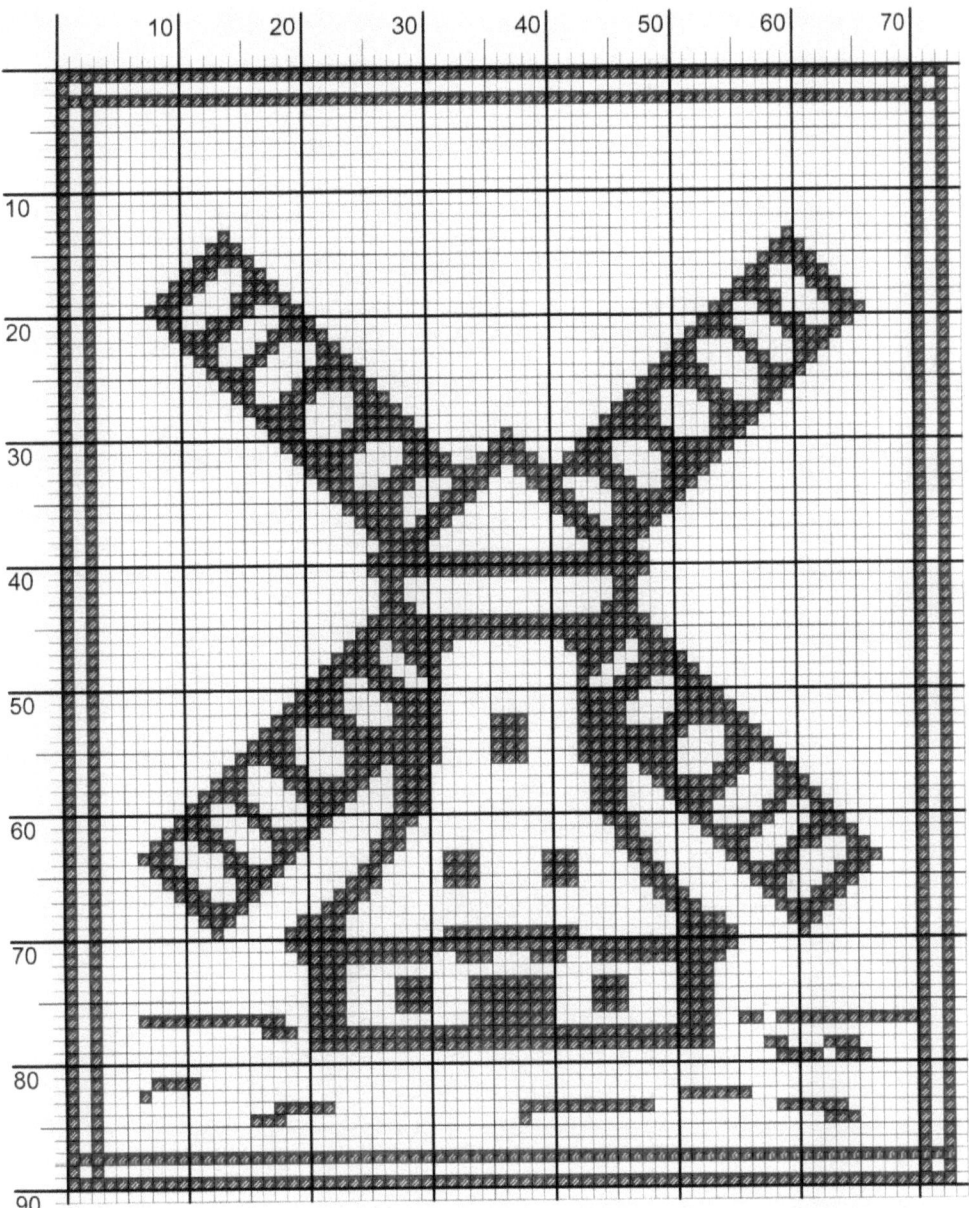

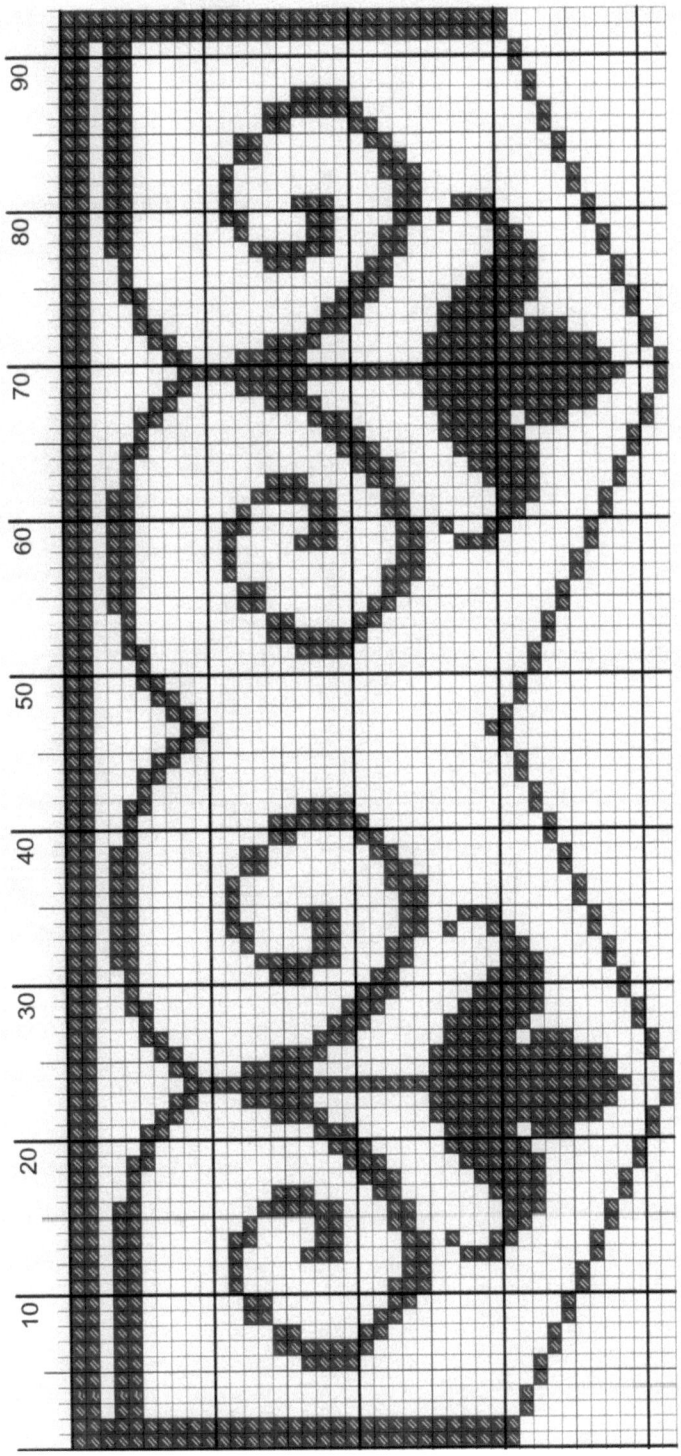

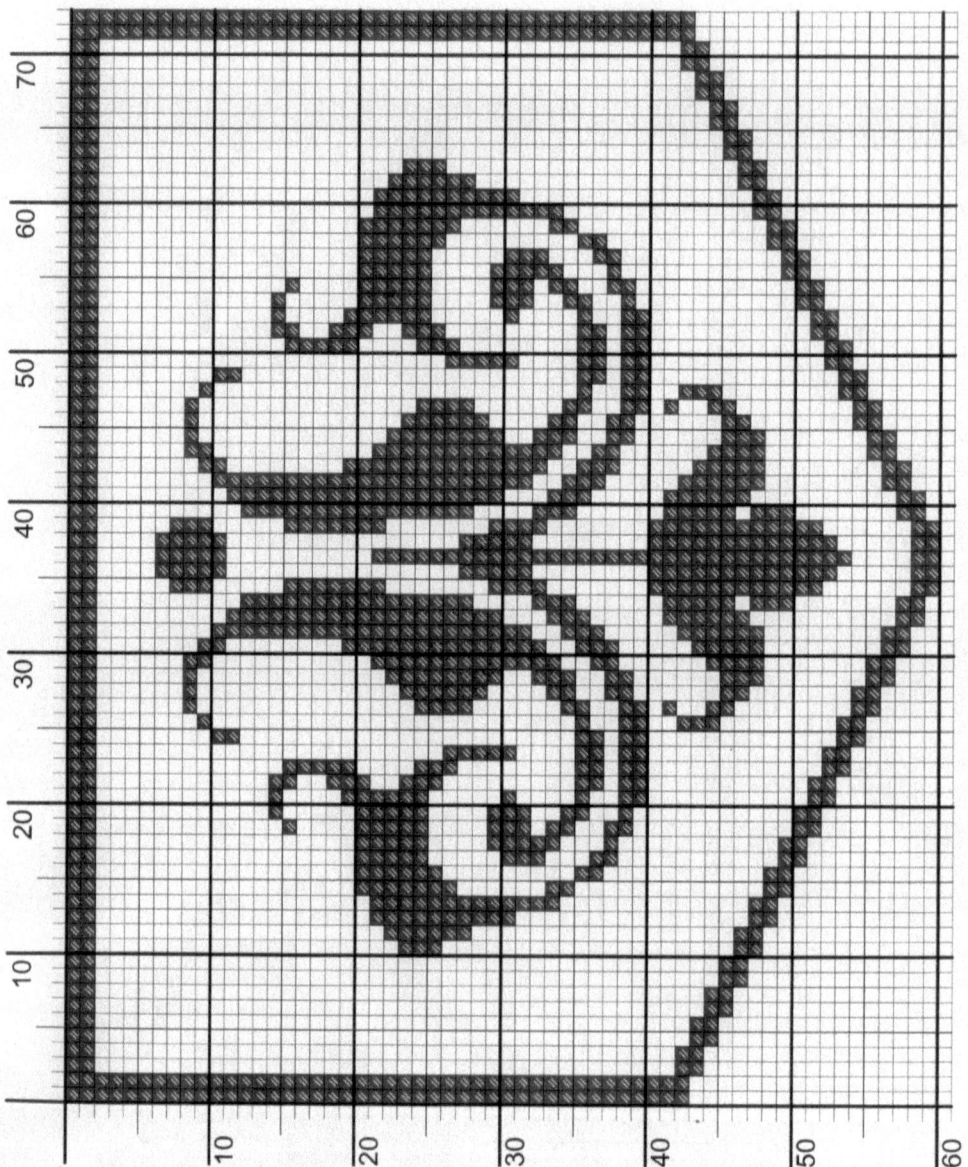

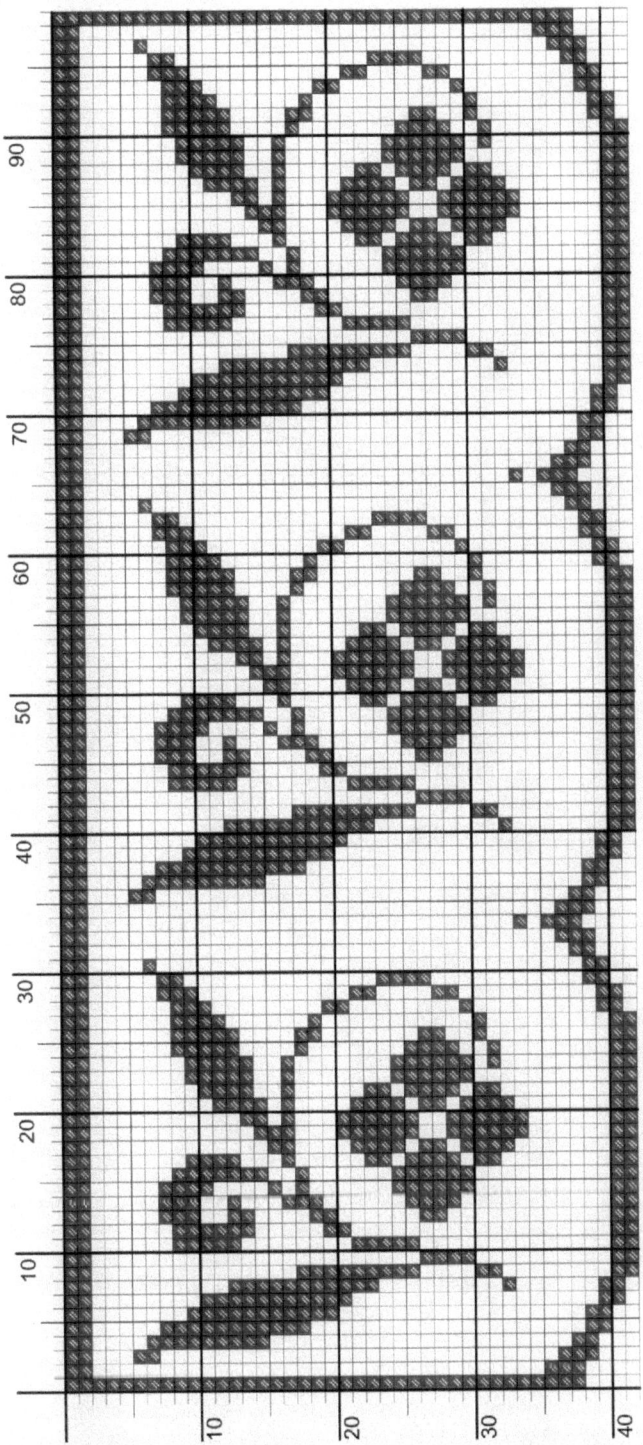

63

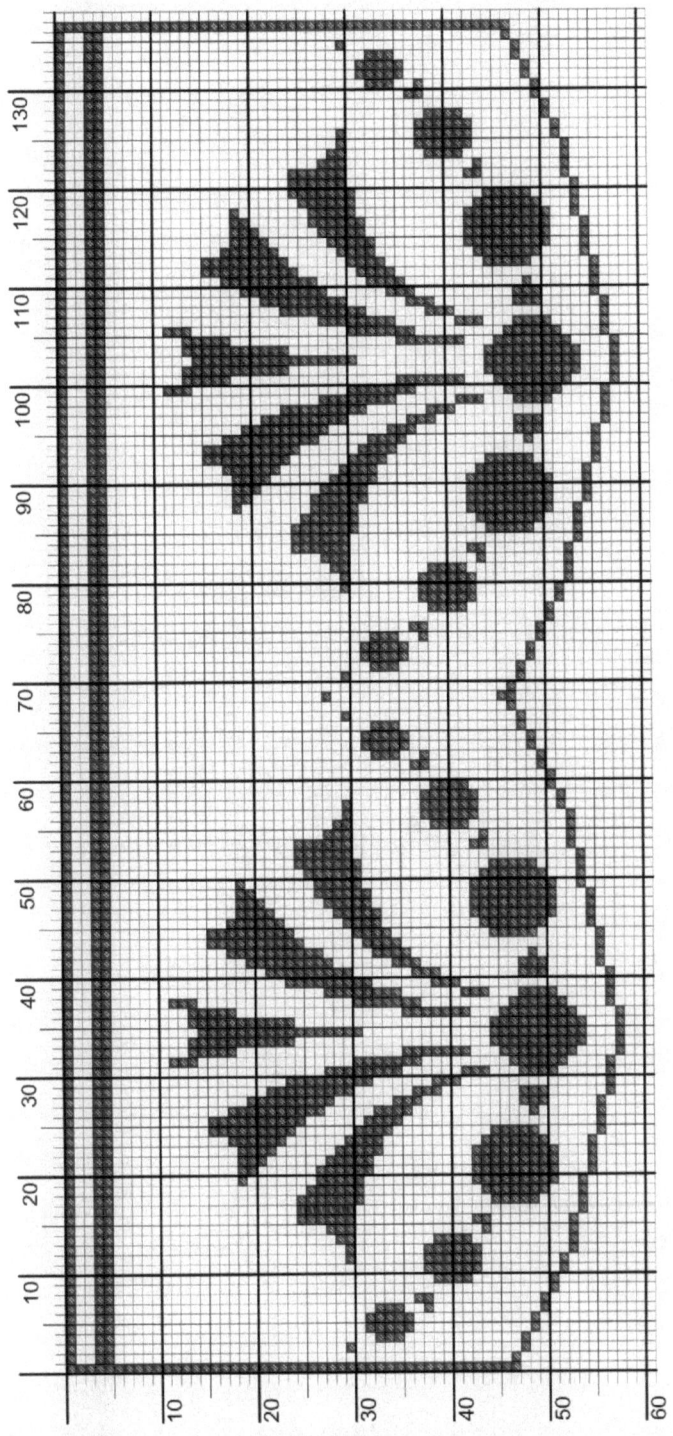

65

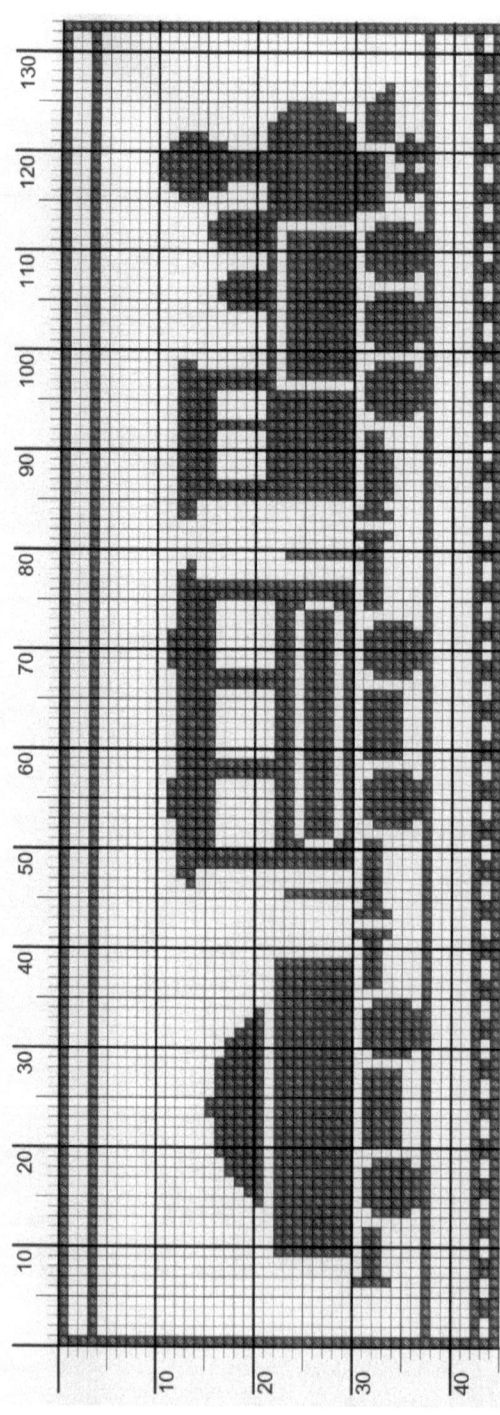

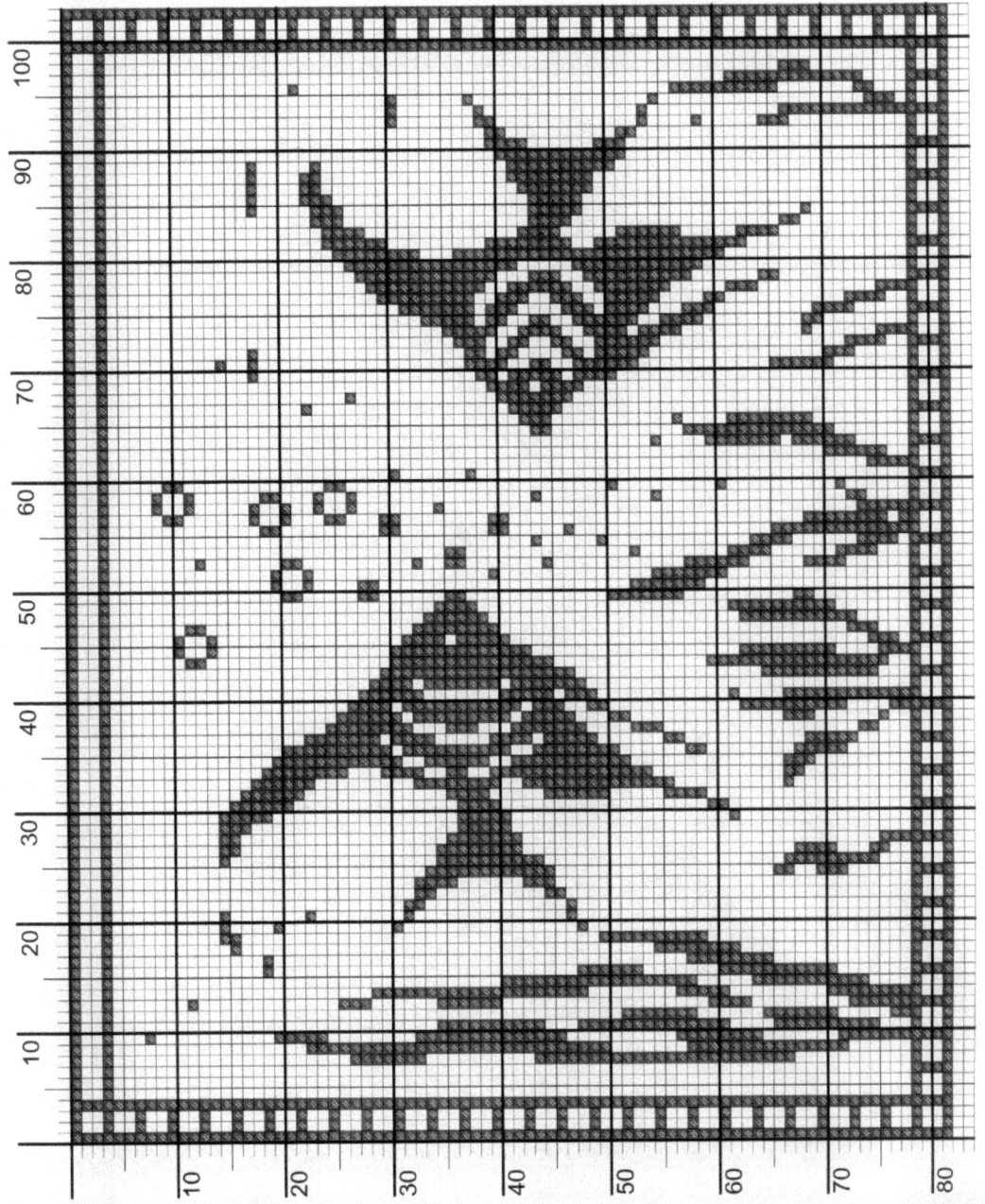

67

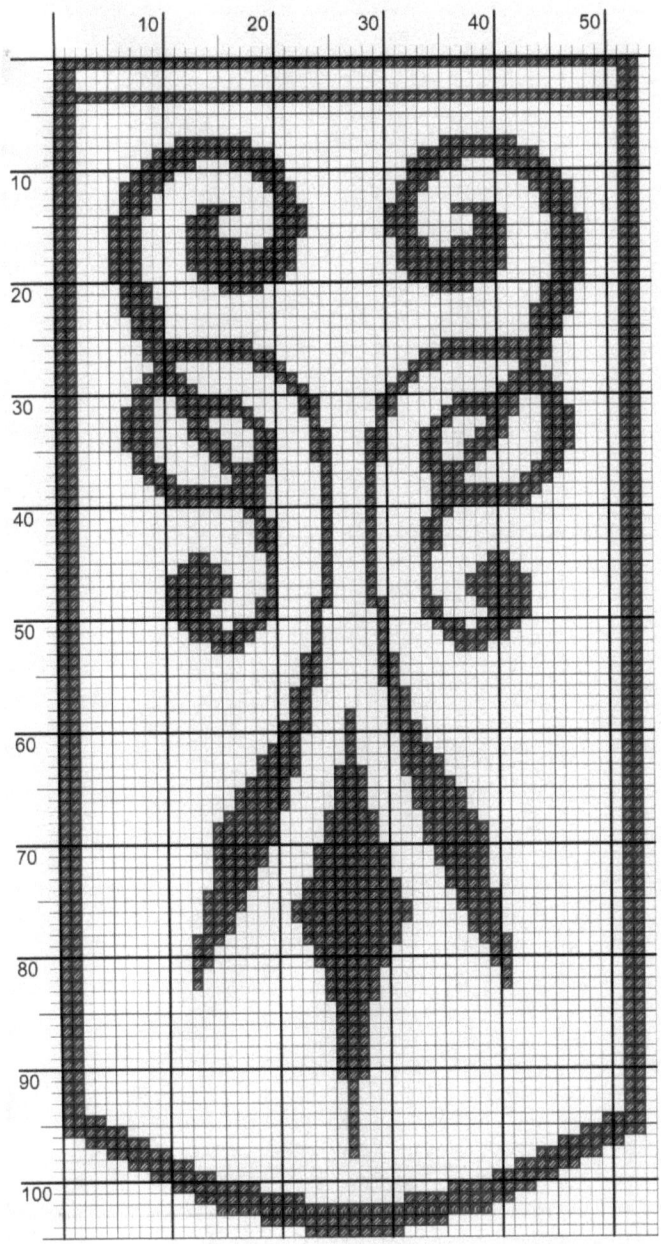

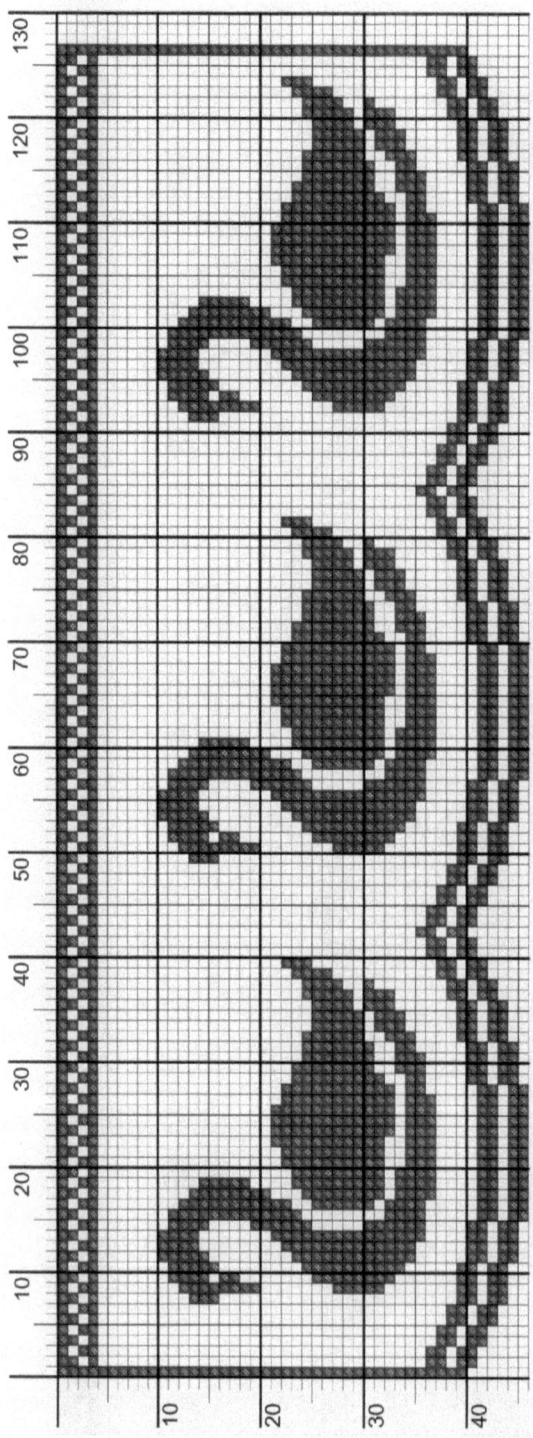

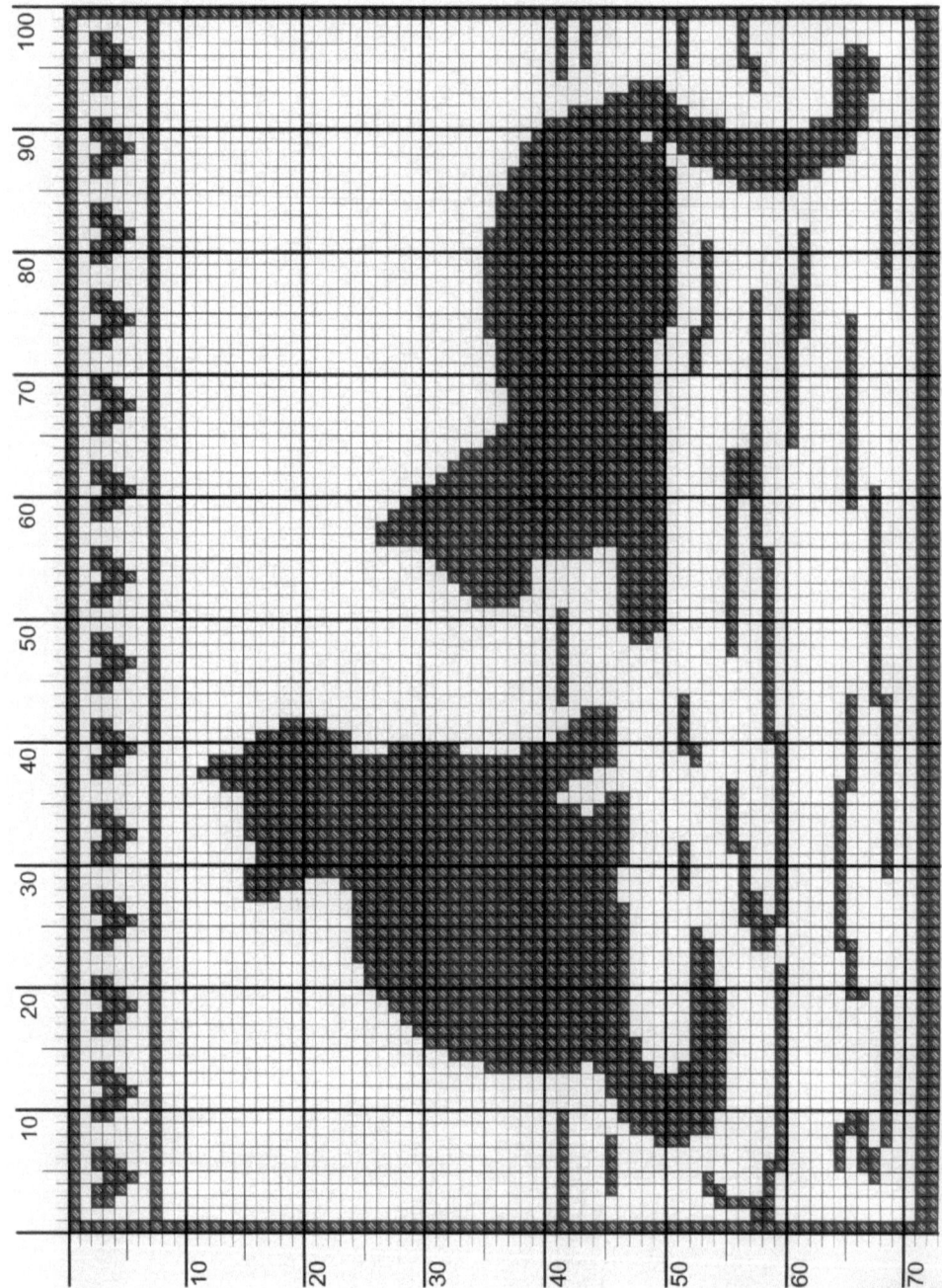

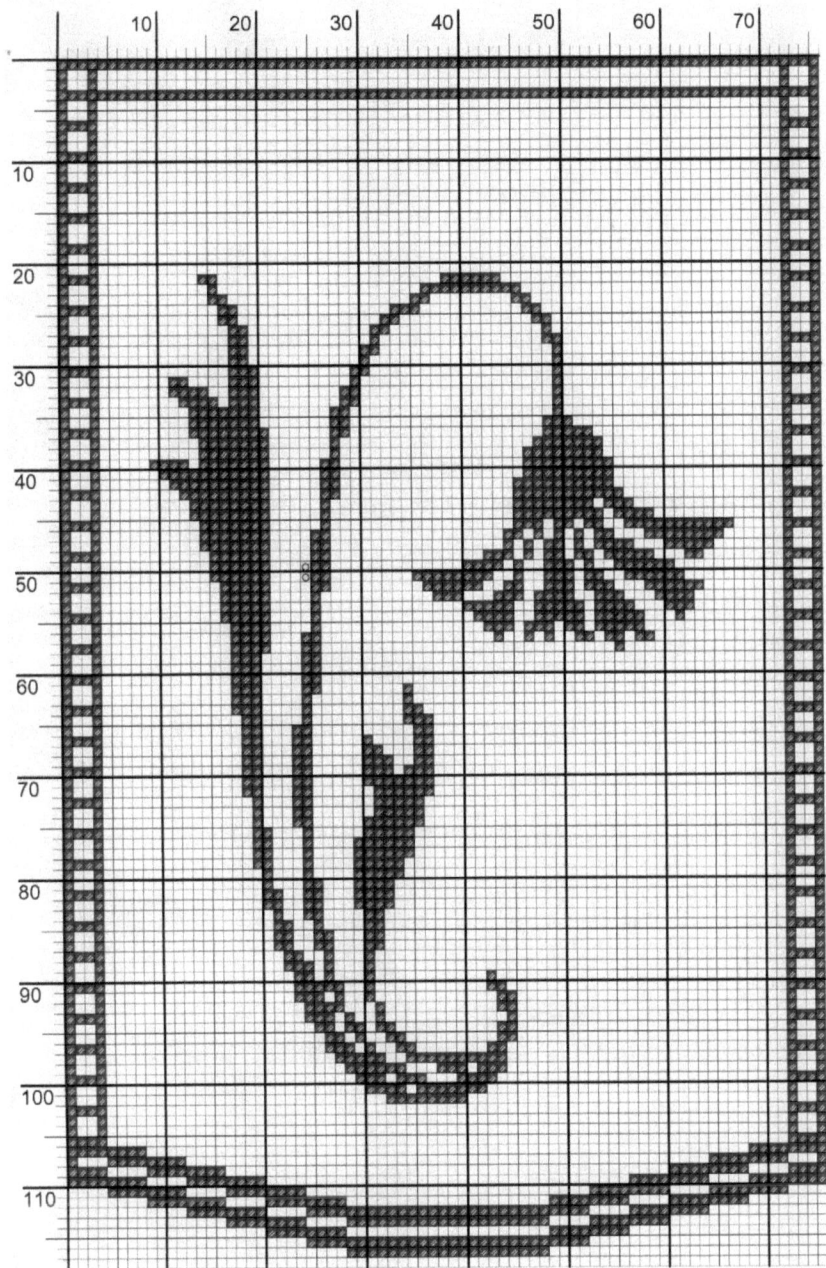

73

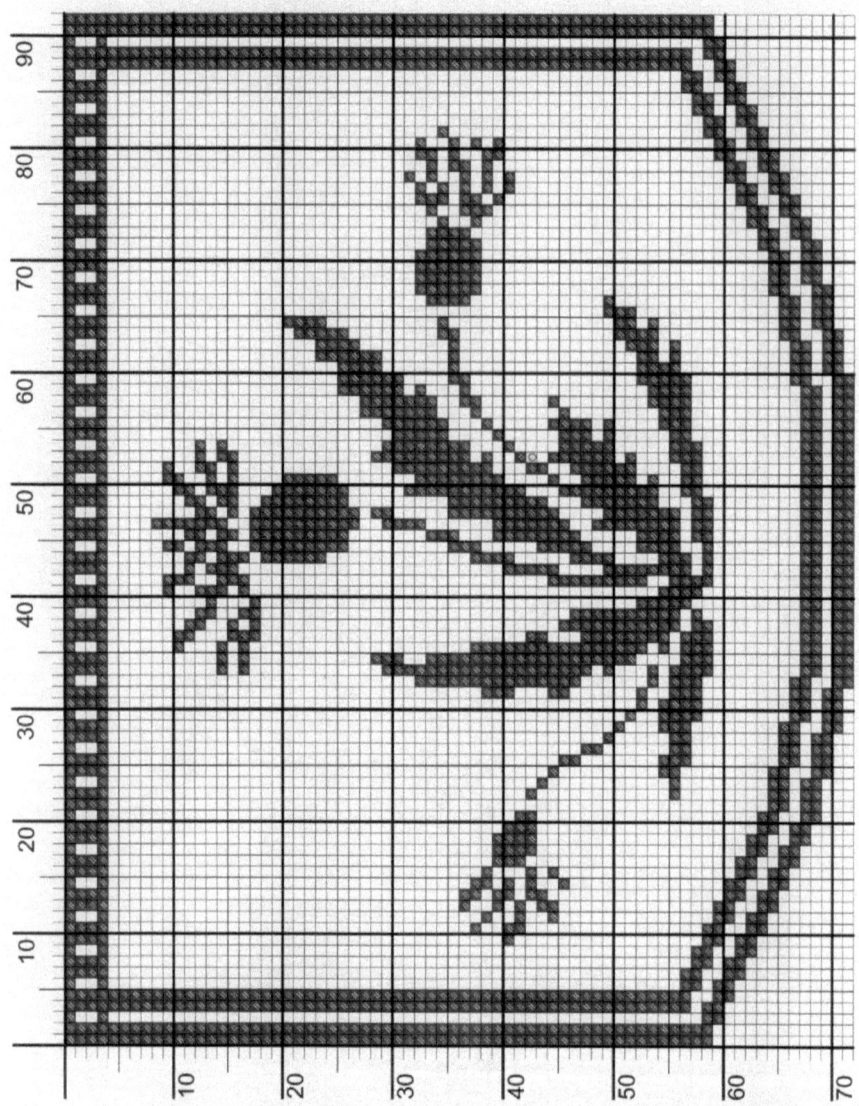

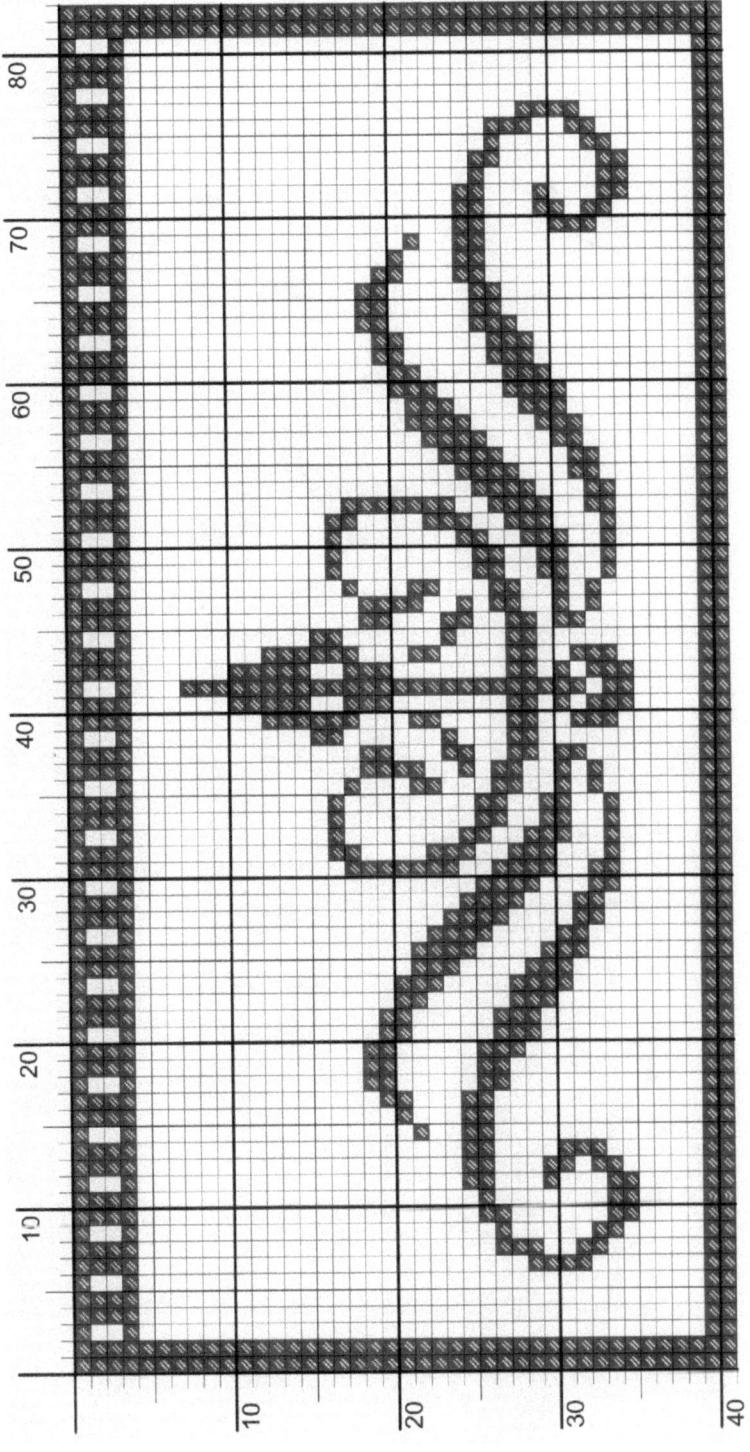

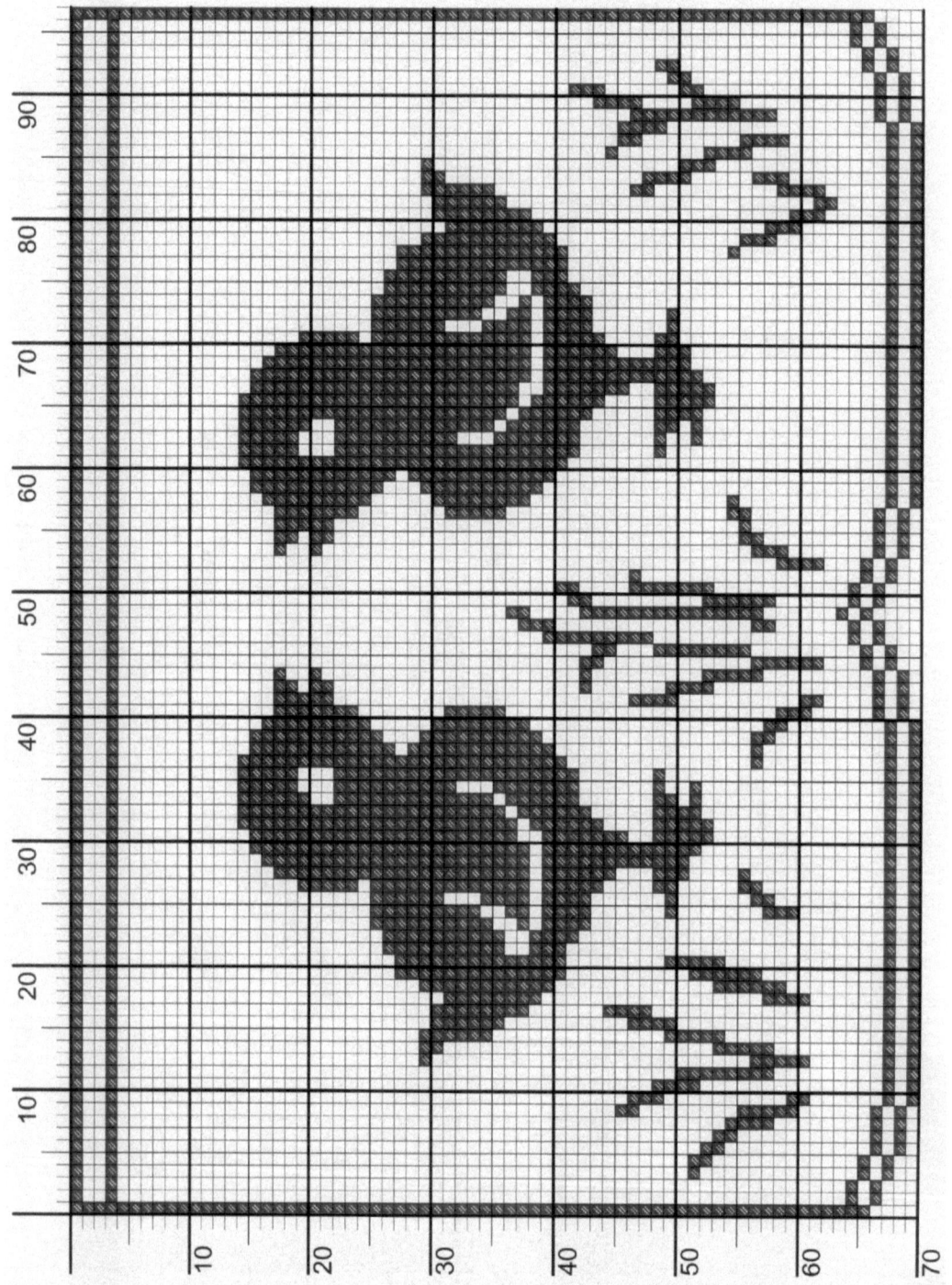

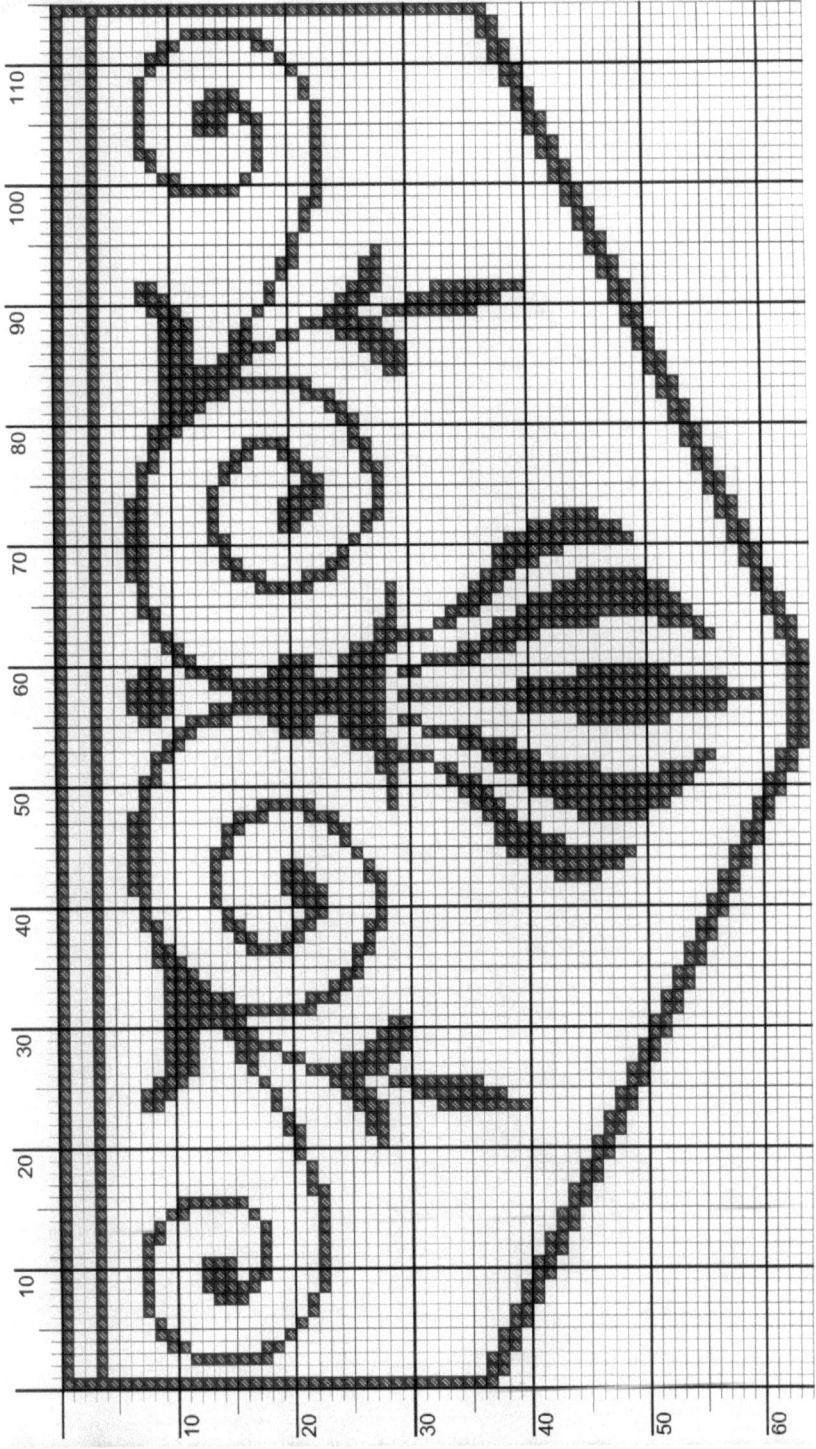

77

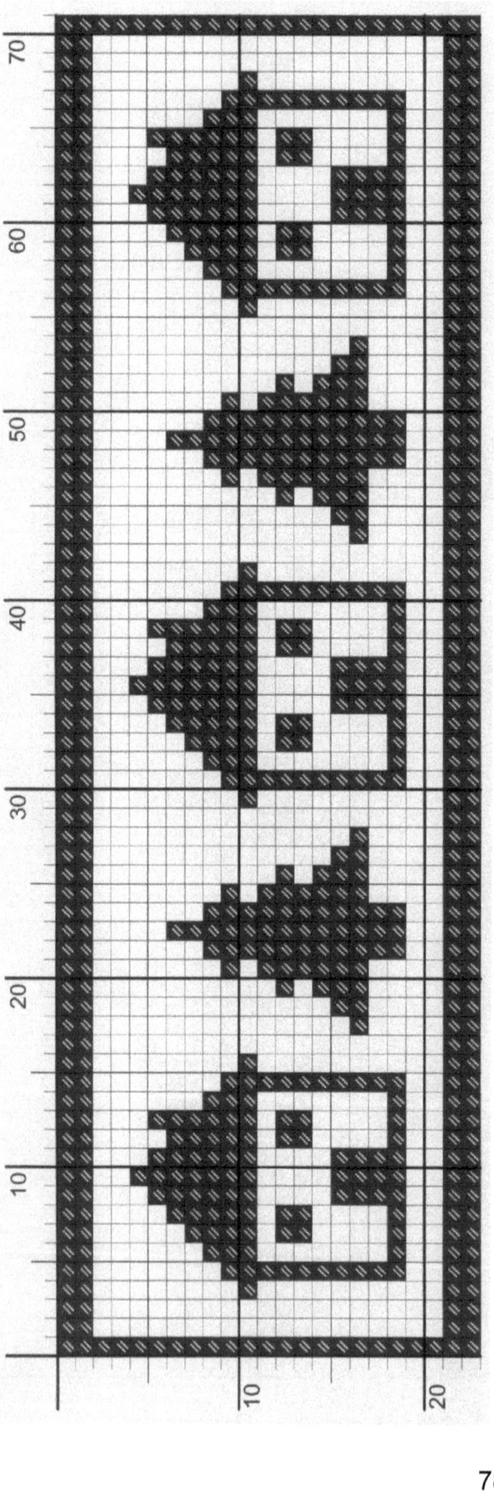

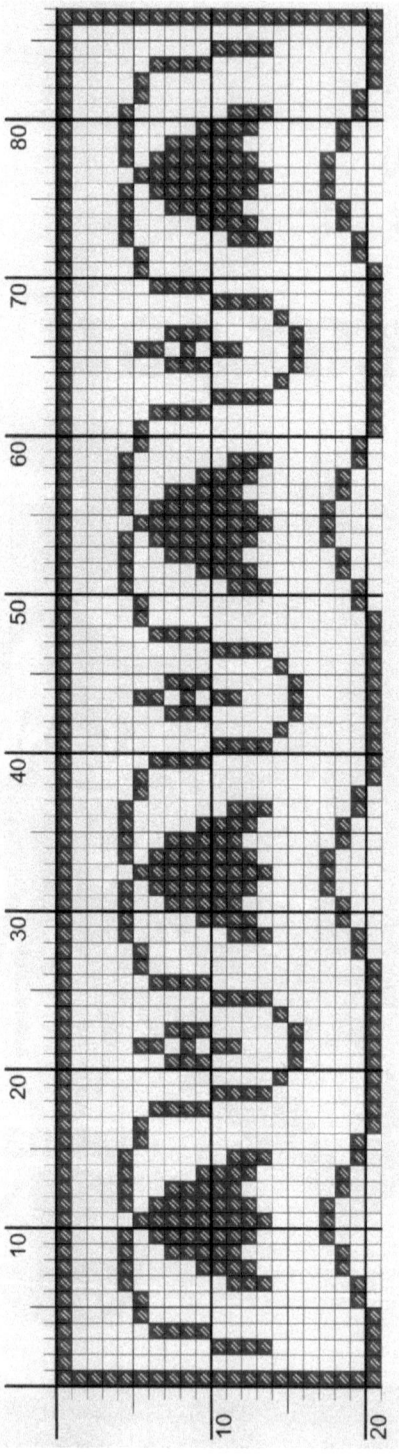

78

Für alle, die noch mehr Häkelinspirationen suchen:

- Gehäkelte Gardinen 2, 2011, Paperback, 80 Seiten, ISBN 3842384939
- Gehäkelte Gardinen 3, 2013, Paperback, 72 Seiten, ISBN☐ 3732238164
- Lustige Häkelfiguren, 2013, Paperback, 72 Seiten, ISBN 3732254801
- Aus dem Ei gehäkelt - 15 lustige Häkelfiguren, Paperback, 52 Seiten, ISBN 9783743165571
- Kleine Puppen häkeln, 2016, Paperback, 68 Seiten, ISBN 9783842357884
- Schutzengel, Weihnachtsengel und Glücksbringer häkeln, e-book, 2016
- Eulen häkeln für Groß und Klein, e-book, 2015

- Schildkröten häkeln für Groß und Klein, e-book, 2015

- Teddys häkeln für Groß und Klein, e-book, 2015

- Häkelpuppen mit der Knollennase - Der Weihnachtsmann, e-book, 2015
- Häkelpuppen mit der Knollennase - Das Engelchen, e-book, 2015

Impressum

Dieses Werk einschließlich aller seiner Teile ist urheberrechtlich geschützt.

Jede Verwertung außerhalb des Urheberrechtsgesetzes ist ohne Zustimmung der Autorin unzulässig und strafbar. Das gilt insbesondere für Vervielfältigungen, Übersetzungen, Mikroverfilmungen sowie die Einspeicherung und Verarbeitung in elektronischen Systemen.

Es ist daher nicht gestattet, Abbildungen dieses Buches zu scannen, in PCs oder auf CDs zu speichern bzw. zu verändern oder einzeln oder zusammen mit anderen Bildvorlagen zu manipulieren – es sei denn, mit Genehmigung der Autorin.

Die im Buch veröffentlichten Anleitungen, Muster und Tipps wurden sorgfältig erarbeitet und geprüft. Eine Garantie kann dennoch nicht übernommen werden, ebenso ist eine Haftung der Autorin für Personen-, Sach- und Vermögensschäden ausgeschlossen.

Jede gewerbliche Nutzung der Arbeiten und Entwürfe ist nur mit Genehmigung der Autorin gestattet. Bei der Anwendung im Unterricht ist auf dieses Buch hinzuweisen.